# PRÉCIS

POUR

P. F. VIRIOT, Colonel de cavalerie, *accusé.*

---



---

A METZ,

DE L'IMPRIMERIE DE C. LAMORT.

1816.

# PRÉCIS

Pour P. F. VIRIOT, Colonel de
cavalerie, accusé.

Enfin ! après onze mois de la plus étroite
et de la plus dure captivité, je vois arriver
le jour où la justice va prononcer sur mon
sort. Qu'ai-je fait? quelles sont mes fautes?
de quel crime me suis-je rendu coupable?
Je descends dans ma conscience ; elle est
pure, et j'y trouve la paix que les hommes
me refusent.

Cependant je suis accusé, je dois me dé-
fendre ; je le dois à ma famille, puisque je
suis époux et père. Attaqué dans mon honneur, et par conséquent dans ce qu'un
homme, et sur-tout un militaire français,
a de plus cher au monde, je dois prouver
à la justice et au public que mon honneur
est sans tache.

Ma justification sera courte et simple :
on ne me verra ni descendre à la plainte
et aux gémissemens qui avilissent et dé-
gradent, ni m'élever à cette fierté qui cho-

1 *

que et nuit à l'intérêt que j'ai droit d'ins-
pirer. Si j'ai quelquefois gémi, c'est lorsque
j'ai vu des hommes, d'ailleurs recomman-
dables, marchander leur vie ou la conserver
par des supplications. Quiconque a su bra-
ver la mort en servant sa patrie, doit-il, s'il
est sans reproches, craindre de la recevoir
des mains de l'erreur ou de la méchanceté
des hommes? n'a-t-il pas son innocence
qui le soutient et le console? ne laisse-t-il
pas enfin après lui une mémoire respectée
qui fait le tourment et le supplice de ses bour-
reaux? quel plus précieux héritage peut-il
léguer à ses enfans?

Je ne parlerai ni de mes longs services
ni des succès que j'ai eu le bonheur d'obtenir dans les champs de la gloire ; je ne
rappellerai pas ces circonstances encore ré-
centes dans lesquelles j'eus le bonheur de
sauver la liberté et la vie de quantité de
français prêts à être ensevelis sous les débris
fumans de leurs asiles foudroyés (*), parce
qu'on me répondrait, vous étiez militaire
et français, vous avez fait votre devoir. Eh
bien ! si j'ai rempli ces devoirs que m'impo-
saient mon état, l'honneur et l'humanité,
pourquoi des accusations et des fers? ou

____________________

(*) Longwy.

du moins pourquoi accueillir avec facilité des dénonciations que repousse une conduite honorable et long-temps soutenue? ne devait-elle pas être une égide assurée contre les traits de la haine ou de la calomnie? Voilà ce qui excite depuis onze mois mon étonnement, et, je dois le dire, toute mon indignation.

## FAITS.

J'ai été chargé par le gouvernement alors existant, de la levée et organisation d'un corps franc dans les départemens de la Meuse, de la Meurthe, de la Moselle et des Vôges. Des ordres successifs et pressans, ainsi que des instructions, m'ont été à cet effet adressés par le ministre. J'ai obéi. Ce corps a été promptement mis en état de servir ; je l'ai commandé. A-t-il fait son devoir ? c'est ce que tout le monde sait, et plus particulièrement les officiers généraux qui en ont été les témoins. Tout ce que je puis attester, moi, c'est qu'il a observé une discipline sévère, et cependant ce corps était nécessairement composé d'hommes rassemblés à la hâte et dans des circonstances difficiles ; c'est qu'il a constamment protégé et fait respecter les personnes et les propriétés ; c'est qu'enfin , en récompense de sa conduite et de son courage , il a été , par arrêté de M. le général commandant en chef l'armée , nommé 1er. régiment de chasseurs à cheval de la Meurthe ; c'est sous cette dénomination qu'à l'époque du licenciement de l'armée dont il faisait partie , il a posé les armes , et que chacun est rentré dans ses foyers.

A cette époque , le général me donna le commandement des avant-postes à Montigny ; mais bientôt ce commandement pouvant être confié à un officier subalterne , en raison de son peu d'importance occasionné par la retraite de l'ennemi, je rentrai dans mon modeste asile, où je m'occupai du soin d'élever ma famille.

Le 19 septembre 1815, j'appris que M. Du Vergier, envoyé par le Ministre de la guerre pour servir en qualité de chef d'escadron dans le corps que je commandais, et qui, depuis le licenciement, avait été attaché à l'état-major-général des 3e. et 4e. divisions militaires, venait d'être arrêté. Je dus m'empresser de faire auprès des autorités supérieures toutes les démarches nécessaires pour connaître les motifs de cette mesure, et en arrêter, s'il était possible, les effets, en rendant hommage à la conduite militaire de ce brave officier, décoré des signes de l'honneur, et parvenu, quoique jeune encore, à un grade supérieur, preuves éclatantes de ses services distingués.

J'aimais à penser qu'en détruisant l'erreur dont mon compagnon d'armes était nécessairement la victime, je pouvais le rendre à la liberté : mais, chose singulière, pendant que je me livrais à ces démarches dictées par l'honneur et par l'amitié, on méditait d'appesantir aussi sur moi les fers dont on venait de charger mon ami.

Et en effet, le 21 septembre, au moment où, tranquille dans mes foyers, je goûtais les douceurs de la vie privée, ma maison s'ouvre et se remplit de gendarmes et de gens de justice ; on fait par-tout la visite la plus exacte, on examine et saisit mes papiers, on me demande mes armes, on m'arrête, et je suis arraché des bras de ma mère octogénaire, de ma femme et de mes enfans éplorés, pour être conduit à Nancy et jeté dans les prisons.

J'y trouvai M. Du Vergier ; et bientôt après les sieurs Demontzey, officier, et Picard, maréchal-des-logis, tous deux aujourd'hui accusés, y furent amenés.

Nous restâmes long-temps sous les verroux, sans en pouvoir deviner ni soupçonner la cause ; tout ce que nous sûmes, c'est qu'il s'agissait d'une mesure de haute police, et que, par suite d'une correspondance entre un conseiller de la préfecture de la Meurthe et M. le Préfet de la Moselle, on avait regardé comme très-important de s'assurer de nos personnes... J'interrogeai ma vie militaire et privée, et je restai calme.

Enfin, après un certain laps de temps, j'appris que nous étions désignés comme auteurs, chefs ou complices d'un projet ou complot tendant à réunir des bandes armées pour tomber à force ouverte sur les derrières des troupes alliées qui évacuaient le territoire français, de piller leurs bagages et leurs trésors ; en conséquence de rallumer la guerre contre la France, d'occasionner le renversement du trône et de l'état, la guerre civile, etc. etc.

Il n'est pas au pouvoir de l'orateur le plus éloquent, ni de la plume la plus exercée, de peindre par la parole ou de tracer par des écrits le tableau de ma situation, en apprenant cette nouvelle. Il me serait impossible à moi-même, qui cependant les éprouvai, de rendre compte des divers sentimens qui s'emparèrent alors de mon ame indignée. Quoi! me suis-je écrié, ce n'était donc point assez de me ravir la liberté, on veut m'arracher l'honneur, on veut flétrir ma vie par une accusation atroce, on me considère comme un chef de brigands ou comme un voleur de grand chemin ; c'en est trop : où est le délateur? où sont les preuves? qui ose m'accuser? quels sont les témoins? qu'ils paraissent devant moi ; un instant suffira pour les confondre.

Voici ce qu'on m'a répondu :

Un nommé Niclot (1) a remis entre les mains d'un agent de police de Nancy, une copie écrite de sa main d'une lettre sans date et sans signature, qu'il prétend avoir reçue de Metz, et dans laquelle on l'invite à réunir des hommes armés pour se porter sur divers points indiqués, à l'effet d'y ac-

___

(1) Ce Niclot a servi quelque temps dans le corps que je commandais; il y a souvent été puni pour excès et inconduite. Lors du licenciement, il s'est retiré à Nancy où il ne vivait que d'escroqueries ; enfin il vient d'être condamné à cinq ans de bannissement et flétri, pour avoir colporté des proclamations séditieuses et incendiaires, attentatoires à la sûreté de l'Etat. *Par arrêt de la Cour d'assises de Nancy.*

quérir de la gloire et d'y gagner de l'argent.

Ce Niclot, pour prix de la remise de cette copie, entre les mains de la police, demande *12 francs* ; il promet de faire saisir les conspirateurs ; il accompagne les gendarmes chargés de l'expédition, dans le village de la Neuvlotte, près Nancy ; et, là, dans une auberge, on trouve et saisit six personnes. Ces six personnes sont conduites en prison ; on les interroge, on examine leurs papiers, et il se trouve que cinq d'entr'eux étaient partis le soir de Nancy, sans armes, pour se trouver le lendemain de bonne heure à la tendue aux alouettes, et que le sixième était un officier réformé qui se retirait dans ses foyers : ils sont sur-le-champ mis tous en liberté. A ces mots je me suis dit : il est maintenant impossible que je n'obtienne à l'instant la mienne. Ce complot est une véritable chimère ; le nom du délateur, la pièce qu'il a remise, l'innocence bien reconnue des individus qu'il avait signalés comme conspirateurs, l'immensité de l'entreprise et l'impossibilité de l'exécution, tout doit convaincre maintenant et la police et les magistrats qu'ils ont été trompés par le plus méprisable des êtres. Et, en supposant qu'il reste encore quelqu'inquiétude sur l'existence de ce complot, du moins le délateur n'a pas prononcé mon nom, ni déclaré que la prétendue lettre lui fût envoyée par moi; en un mot, j'y suis totalement étranger : ainsi ouvrez-moi les portes, que j'aille embrasser ma femme, mes enfans, et consoler mes amis. Eh bien, le croira-t-on ? les portes fatales ne se sont ouvertes que pour nous transférer dans les prisons de Metz, où depuis onze mois nous éprouvons journellement des vexations dont nous avons instruit l'autorité.

Une information considérable a eu lieu, une grande quantité de témoins ont été entendus, tant par le juge d'instruction à Metz, que par des commissaires par lui délégués dans plusieurs cantons; huit mois ont été employés à chercher une caisse de cinq à six pieds de longueur, qu'on prétend être sortie vuide de Metz, et chargée à Montigny; on soupçonnait qu'elle devait renfermer les armes destinées à l'exécution du complot. On a long-temps et opiniâtrément suivi les traces de cette malheureuse caisse; et, lorsqu'enfin on se croyait sur le point de la saisir, elle s'est subitement évaporée, ne laissant après elle qu'un nuage trompeur qui l'a pour jamais dérobée à tous les yeux.

Je ne me plaindrais ni de la longueur de cette information, ni des précautions prises par la justice pour connaître la vérité, puisqu'elle doit faire la preuve de mon innocence ; mais voilà onze mois que je suis en prison et que je souffre sans l'avoir mérité ; et pendant cette *éternité*, la calomnie a versé sur moi ses poisons, la haine a distillé son fiel ; il n'est pas d'absurdités qu'on se soit plu à répandre dans le public et même dans l'esprit des autorités, à tel point que nous avons été fréquemment exposés à voir prendre des mesures de rigueur, et à supporter de douloureuses privations.

Enfin un jugement de compétence a terminé cette longue information ; mais, grands dieux, quel jugement !

Il présentait contre M. Du Vergier et moi huit chefs de prévention qui appelaient à la fois sur nos têtes le bannissement, les fers, les travaux forcés à perpétuité ou à temps, la flétrissure et la mort.

Mais il devait être soumis aux magistrats de la Cour royale, chambre des mises en accusation ; et cette Cour, par arrêt du 3 mai dernier, effaçant d'un trait les six premiers chefs qui tendaient à faire déclarer M. Du Vergier et moi, auteurs ou complices du complot dont je viens de parler, a déclaré qu'il n'y avait plus lieu à accusation contre nous, que relativement aux propos et actes séditieux résultans des déclarations de plusieurs témoins entendus dans l'information générale. Ainsi cette affaire si monstrueuse, qui devait nous envoyer à l'échafaud, ou tout au moins nous faire déporter sur des plages lointaines, se réduit maintenant à un prétendu délit qui, s'il était prouvé que nous nous en fussions rendus coupables, ne pourrait à la rigueur nous attirer que la peine du bannissement. Mais avons-nous à craindre de l'entendre prononcer, cette peine qui peut paraître légère à des cœurs insensibles ou à des êtres qui n'ont aucuns droits à l'estime publique, parce qu'ils n'ont rien fait pour l'acquérir? cette peine qui nous rendrait subitement étrangers à une patrie que nous avons servie et arrosée de notre sang? à une patrie dans laquelle nous laisserions la moitié de nous-mêmes, et dont l'autre serait bientôt consumée par la douleur et le désespoir? Non! nous avons pour juges des citoyens, des époux et des pères; leur décision, préparée par des magistrats intègres et sages, ne peut donc nous être funeste.

Je tiendrais mal ma parole si ces réflexions pouvaient être considérées comme des supplications ; je ne supplie point, je réclame justice. Eh ! qui plus que moi a droit de l'obtenir ? qui moins que moi doit redouter ses arrêts ? Depuis long-temps je les invoque, puisqu'ils doivent mettre un terme à ma longue captivité.

Je crois parfaitement inutile de fatiguer le public du détail des présomptions relatives aux propos ou actes séditieux dont on m'accuse ; je crois également superflu de l'entretenir à l'avance des moyens que j'emploierai pour prouver à cet égard toute mon innocence. Je paraîtrai devant lui et devant mes juges ; ils seront aussi en ma présence ces témoins-dénonciateurs ; et, comme je l'ai dit, je saurai les confondre. Je suis impatient de savoir comment ils oseront soutenir dans le sanctuaire de la justice et sous la foi du serment ce qu'ils ont déclaré avec tant de sécurité dans le cabinet du juge instructeur ; la crainte d'encourir les peines graves prononcées par la loi contre le faux témoignage les fera-t-elle persister dans ces déclarations ? ou bien auront-ils le courage de se rétracter et de rendre hommage à la vérité ? Voilà ce que j'ignore ; mais ce que je sais, et que personne ne peut savoir mieux que moi, ce que j'atteste sur l'honneur, c'est que je n'ai jamais, et dans aucun temps ni dans aucun lieu, proféré les paroles ni commis les actions qu'ils m'attribuent dans des déclarations extorquées, soit par le désir de me nuire, soit pour déguiser leur propre conduite.

A défaut d'une rétractation qui est peut-être au-dessus de leur courage, j'invoquerai les contradictions et les invraisemblances ; je montrerai ma vie, elle offrira au public et aux magistrats un contraste frappant entre les faits dont on m'accuse et la conduite franche et loyale que j'ai constamment tenue dans quelles circonstances et sous quel gouvernement je me suis vu dans le cas d'agir.

Je produirai des preuves écrites, irrécusables autant qu'elles sont honorables et précieuses ; elles ont déjà passé sous les yeux des magistrats, enfin ma défense sera prononcée ; mais, je le répète, elle sera courte et simple, dégagée de ces ornemens qui le plus souvent ne servent qu'à cacher la faiblesse des moyens ou à atténuer la force des preuves. Je parlerai le langage de la vérité ; il doit être entendu dans le temple de la justice et facilement apprécié par ses ministres. Et si, contre mon intention, je me laissais emporter par la vivacité à quelque sentiment d'indignation, qu'on n'oublie pas que mon ame profondément émue et douloureusement ulcérée, n'a pu s'accoutumer à l'opprobre et doit s'exprimer comme elle est affectée ; mais qu'en tous cas je saurai allier aux droits sacrés d'une légitime défense le respect qu'on doit au public et aux magistrats, et me contenir dans les bornes qu'une naissance distinguée et mon éducation ne m'ont jamais permis de franchir.

VIRIOT.

Le conseil soussigné, qui a lu et attentivement examiné le précis du sieur Viriot, l'a trouvé conforme, quant aux faits, aux pièces de la procédure qu'il a entre les mains, et qui doivent servir à sa défense.

Metz, le 31 juillet 1816.

VIVIEN, *Avocat à la Cour royale.*